AF466340

LA PARAPHRASE SVR LE STABAT DV SIEVR HEVZEBROC GRAND COVSTEVR EN L'EGLISE CATHEDRALE DE BAYEVX.

A CAEN,
Chez MARIN YVON, Imprimeur du Roy.
AVEC APPROBATION.

Sur les Armes & Blaſon de Monſeigneur DE NESMOND
EVESQVE DE BAYEVX:

EPIGRAMME.

HErcule triomphant ne fut jamais ſi fort
Que NESMOND eſt vainqueur par l'éfort de ſes armes;
L'Un fit voir aux Tirans de ſes armes l'éfort,
Et l'Autre eſt triomphant par l'éfort de ſes charmes.

Hercule triompha des Monſtres plus malins,
Et fit graver ſon nom au temple de memoire;
*Mais NESMOND par trois Cors *ſurmonte trois* Mutins,*
Et nous prepare au Ciel une immortelle gloire.

* Les trois Cors ſont trois Graces que poſſede mondit Seigneur, ſçavoir, la Predication, la Sainteté, & la Pureté.

* Les trois Mutins ou Monſtres, ſont, Le Monde, le Diable, & la Chair.

A MONSEIGNEVR MONSEIGNEVR MESSIRE FRANCOIS DE NESMOND, ILLVSTRISSIME ET REVERENDISSIME EVESQVE DE BAYEVX, ET PRINCE DE L'EGLISE.

EPISTRE.

ILLVSTRE *Prince de l'Eglise,*
Si je m'approche avec franchise
Du beau Dais de vôtre Grandeur,
I'y parois comme demandeur,

Non pas reduit à l'infortune,
Et misere tres-importune
D'vn chetif, & déchiré gueux,
Dont l'habit, & le corps affreux
Est plus décharné qu'vn squelete
Que l'on juge sur la sellette.
Ie sçais bien, quand je serois tel,
I'aurois l'offrande à vôtre Autel,
Car vous auez tant de tendresse
Dessus cét objet, qui vous blesse,
Que vos plus grands empressemens
S'évanoüissent dans le temps
Qu'elle entend parler l'indigence
Avoir besoin de sa clemence.
Grace à Dieu je ne suis point né
Dessous vn Astre infortuné,
Qui m'ait fait vn autre Lazare,
Aussi mon train est sans fanfare ;

Ie n'ay ny Page, ny Laquais,
Ie n'ay ny Louvre, ny Palais;
Ie n'ay ny jaloux ny rancune,
Mais bien content de ma fortune
Ie me tiens étre mille fois
Plus souuerain que les grands Roys.
Ie ne suis Hermite, ny Moine,
Ie ne suis qu'vn pauure Chanoine,
Qui veut auec toute candeur
Rendre hommage à vôtre Grandeur.
En cét état de simple Prestre,
N'étant pas saint, je voudrois l'estre,
Et ne croy pas y paruenir
Sans rappeller le souuenir
De vos deuots, & saints ouvrages,
Afin d'animer nos courages
A suiure toûjours pas à pas
Le charmant train de vos appas.

C'est de vous qu'on dit en Prouerbe
Chanté sur la mer, & sur l'herbe,
Que vous passez vos Deuanciers,
Ainsi qu'vn Roy ses Financiers ;
Car l'éclat de vostre excellence,
Soit en Vertu, soit en Science,
Vous rend pareil à ces grands Saints,
Qui sur les Vitres sont dépeints
De vôtre Eglise Cathedrale ;
Et qu'vn iour vôtre vie égale
A leur parfaite Sainteté
Vous fera ce qu'ils ont esté,
Faisant en vos diuins spectacles
Naître sous vos pieds les miracles ;
Moy, qui suis assés mal vestu
Des ornemens de la Vertu,
Voyant en vous par éminence
Les vertus presque en leur essence,

Douze Evesques de suite sanctifiez, & peins sur les vitres de la nef.

Comme en vn abbregé parfait,
Ce petit crayon j'en ay fait
En cet an, & saison presente,
Que de bon cœur je vous presente
Auec vn Stabat en François,
Que mettre en presse je n'osois
Sans vne ordonnance pleniere,
Qui luy fera voir la lumiere.
C'est vôtre expres Commandement,
Qui m'absoudra du grand serment,
Que j'auois fait de n'en rien faire,
Mais, afin de me satisfaire,
Permettez à vôtre bonté,
Que ie passe pour effronté
Vous offrant ces petites veilles,
Qui feront en public merueilles.
Si vous estes leur protecteur,
Vôtre seul Nom mettra la peur

Dedans l'esprit, & sur les plumes
De tous les Censeurs de Volumes
Blasmans les écrits plus parfaits,
Quand Apollon les auroit faits.
Si j'estale bien tard ma verue,
Ces broüillons faits de ma minerue,
Tres-Illustre, & tres-Saint Pasteur,
I'en fay Monsieur Halley l'Auteur:
Ce Prince du double Parnasse,
Qui chante de si bonne grace,
Qu'il nous attire en nous charmant,
Comme le fer l'est de l'Aimant.
C'est luy qui m'a rompu la hanche;*
Son travail fait, il est Dimanche.
Vn grand Goupil, vn d'Auauleau
Mettent mes vers dans le tombeau.
Vn Marcel, vn subtil Lusarne
Pour vous complaire rien n'épargne.

* Le Combat de l'Ange auec Iacob. *Genes.32.*

Tant

Tant d'autres graves Orateurs,
Tant de nobles Adorateurs
Ont si bien chanté vos loüanges,
Qu'il n'y reste plus que les Anges,
Ie ne puis apres leur travail
Rien faire qu'à grands coups de mail;
Ma Muse à la fiévre poltronne,
Ie leur quite Sceptre, & Couronne:
Le sujet est de trop grand prix,
La crainte m'ayant entrepris,
Ie suy les loix de mon Breviere,
Où les Dignitez vont derriere,
Et suis, mon Prince, de bon cœur
Vôtre tres humble serviteur.

HEVZEBROC Grand Cousteur de l'Eglise
Cathedrale de Bayeux.

PARAPHRASE SUR LE STABAT.

ODE.

Stabat Mater dolorosa, Iuxta crucem lachrymosa, Dum pendebat filius.

QUand IESUS-CHRIST *au Mont-Calvaire*
Nud sur la Croix fut étendu,
Que son Corps cloüé fut pendu
En la presence de sa Mere;
Sa Mere qui l'avoit nourri,
Qui l'avoit comme un Dieu cheri,
Le voyant en cette souffrance
Debout pres ce funeste bois
Pleure, gemit, en defaillance
On la crût morte mille fois.

Cujus animam gementem, Contristantem & dolentem, Pertransiuit gladius.

Elle voit aux maux, qu'il endure
Dessus cette sanglante Croix,
Que son sein fait sortir des voix,
Qui font terreur à la Nature;
Le cry, qui fit l'Ame partir,
Fit la Mere, & l'Enfant Martyr,
Car Elle fut si fort attainte
De cette mortelle douleur,
Que l'Eglise, qui l'a dépeinte,
Luy met le glaive dans le cœur.

O quàm tristis, & afflicta, Fuit illa benedicta Mater vnigeniti!

Mais ce qui fait dans ses supplices
Que son martyre est sans pareil,
C'est qu'elle perd son beau Soleil
Le seul objet de ses delices,
Qu'à son sein, qui l'a sçeu donner
Le Ciel ne peut plus ordonner
Une autre faveur si fertile
De produire vn pareil flambeau,
Sçachant qu'elle est Mere sterile,
Son Vnique étant au tombeau.

Quæ mœrebat, & dolebat, Et tremebat, cùm videbat Nati pœnas inclyti.

Elle frissonne, elle soûpire,
Elle croit voyant ses travaux
Que les Demons sont les bourreaux,
Qui veulent faire ce martyre;
Plus Elle pense à ses douleurs,
Plus Elle fait grossir ses pleurs;
Son cœur fremit, comme la terre,
Voyant que les hommes pervers
Choquent vn Dieu lance-tonnerre,
Qui peut foudroyer l'Vnivers.

Quis est homo, qui non fleret, Christi matrem si videret: In tanto supplicio?

En l'aspect de cette souffrance,
Qu'endure la Mere de Dieu,
Il n'est point d'homme en ce bas lieu,
Fust-il vn rocher de constance,
Qui ne se sentist émouvoir,
Et d'vn charitable devoir,
Vaincu des pitoyables charmes
De cette Princesse des Cieux,
Ne fist vn deluge de larmes
Des eaux coulantes de ses yeux.

Vn

Quis posset non contristari, Piam matrem contemplari: Dolentem cum filio.

Un cœur plus ferme que le marbre
Seroit frapé d'étonnement
Voyant la Vierge en ſon tourment,
Et ſon Fils cloüé ſur un arbre;
Car voir la Mere, & ſon Enfant,
L'une gemir, l'autre mourant,
Et n'en avoir point de tendreſſes,
Ce ſeroit paſſer les cailloux,
Qui ſe fendirent de détreſſes,
Et furent de ſa mort jaloux.

Pro peccatis ſuæ gentis, Vidit Ieſum in tormentis: Et flagellis ſubditum.

Elle a veu le Roy de Iuſtice
Sous les tortures, & les fers;
Les coups de foüets, qu'il a ſoufferts
Pour effacer nôtre malice.
Hé Dieu quel étrange malheur!
Voir ſon Fils meurtry de douleur
Pour purger des hommes l'offenſe,
Et par un ſupplice inhumain
Faire patir ſon Innocence
Pour les pechés du genre humain!

Vidit ſuum dulcem natum, Morientem deſolatum, Dum emiſit ſpiritum.

Elle a veu ſon Fils tant aimable
Eſtre mis entre deux pendars,
Verſer ſon ſang de toutes parts,
Mourir deſolé, miſerable:
Elle a veu ſous la Croix l'étang
Fait de ſes pleurs & de ſon ſang:
Mais comme en ce cruel ſpectacle
Elle vit ſon Fils au trépas,
Son Fils mourant fit un miracle,
Quand ſa Mere n'y mourut pas.

Eïa, Mater fons amoris, Me sentire vim doloris, Fac vt tecum lugeam.

Sus donc, Mortels, puisque nos crimes
Sont les causes qu'il ait souffert,
Faisons de son Calvaire ouvert
Le vray Parnasse de nos rimes.
O Mere fontaine d'amour!
Faites moy goûter nuit & iour
Les eaux ameres de vos larmes,
Et que tout ce grand Univers
Soit le theatre de mes carmes,
Et le triste écho de mes Vers.

Fac vt ardeat cor meum In amando Christum Deum, Vt sibi complaceam.

Faites que sur cette montagne,
Où l'amour fit mourir IESVS,
Ie fasse aussi mourir dessus
Mon fol amour, qui le dédaigne;
Que mon cœur brûle des ardeurs,
Dont il a triomphé des cœurs;
Afin qu'attaint d'un amour méme,
Comme il a quitté ses plaisirs,
Ie l'aime aussi d'amour extrême
Quitant le monde, & ses desirs.

Sancta Mater, istud agas, Crucifixi fige plagas Cordi meo validè.

Faites que mon cœur, Sainte Mere,
Porte gravé le Crucifix,
Afin qu'étant semblable au Fils
Ie puisse avoir l'amour du Pere;
Qu'en son côte du fer ouvert
Mon cœur de fer soit à couvert,
Qu'il s'amolisse en ses navreures,
Et qu'il les baise tant de fois,
Qu'il soit marqué de ses blesseures,
Comme celuy d'un Saint François.

Tui nati vulnerati,
Iam dignati pro me pati,
Pœnas mecum diuidè.

I'ay que touché du sacrifice,
Qu'il voulut faire de son Corps
Endurant pour moy mille morts,
Sur mon corps ie fasse justice:
Ie veux me resoudre à patir,
Afin de pouvoir compatir
A IESVS mon Sauveur, & frere,
Et rechercher l'occasion,
Pour tâcher à le satisfaire,
Me partager sa Passion.

Fac me verè tecum flere,
Crucifixo condolere,
Donec ego vixero.

Sus, mes yeux, noyés vos paupieres,
Imités la Vierge en ce lieu,
Et pleurant sur la mort d'vn Dieu
Iettés d'éternelles rivieres:
Mon cœur il faut t'y preparer;
Verse ton sang pour le pleurer;
Pleure le Fils, pleure la Mere,
Mesle tes pleurs à leurs soûpirs,
Enferme ton corps sous la haire,
Et termine ainsi tes desirs.

Iuxta Crucem tecum stare,
Te libenter sociare,
In planctu desidero.

Oüi je le veux, Sainte Princesse,
Vous le voulant je m'y resous,
Ie desire étre avecque Vous
Compagnon de vôtre tristesse:
Ie veux au iour, & au flambeau
Estre debout pres ce posteau;
Là ie pretends estre tout vôtre;
Les bras croisés, le cœur contrit,
I'imiteray ce grand Apostre
Fait vôtre Fils par IESVS-CHRIST.

Virgo virginum præclara, Mihi iam non sis amara, Fac me tecum plangere.

Sus faites donc, Vierge des Vierges,
Pour faire de sa mort le dueil,
Que les Mortels à son cercueil
Vestus de noir portent des cierges :
Sur moy n'entrés en jugement,
Car mon corps pres son monument
Veut servir de flambeau de cire,
Et mon amour veut que mon cœur
Voyant en dueil ce grand Empire
Soit l'écusson de sa douleur.

Fac vt portem Christi mortem, Passionis eius sortem, Et plagas recolere.

Oüy, ouy ie veux porter ses armes,
Et ses barbares instruments,
Qui sous leurs cruels châtiments
Ont tiré son sang, & ses larmes ;
Ie veux sur moi les departir,
Puisque i'ay fait vn Dieu Martyr ;
Ie veux graver ses cicatrices
Iusques au centre de mon cœur,
Pour y faire mourir les vices,
Et faire vivre mon Sauveur.

Fac me plagis vulnerari, Cruce hac inebriari Ob amorem Filij.

Mais n'ayant pas la suffisance
De faire tout ce que ie dis,
Emperiere du Paradis
Employez y vôtre puissance,
Enyvrez moy du méme sang,
Qui fut gardé sous vôtre flanc,
Et se perdit dedans ses peines :
Donnez moy l'amour de douleur,
Qui se coula dedans vos veines
Dessous la Croix du Redempteur.

Faites

Inflammatus, & accensus Per te, Virgo, sim defensus In die judicij.

Faites que cette sainte flamme
Me possede si puissamment,
Que ce beau feu soit l'élement,
Et la seule ame de mon ame:
Que vôtre bras soit mon soûtien,
Ce grand Tout retournant au rien,
Quand vôtre Fils en sa colere
Mettra tout en embrasement
Soyez mon parasol, ô Mere,
Contre les feux du Iugement.

Fac me cruce custodiri, Morte Christi præmuniri, Confoueri gratia.

Mais faites avant ce desastre
Que veillant, ou dormant je sois
Couvert de l'ombre de la Croix,
Et qu'vn Dieu mourant soit mon astre;
Que tous mes soins, & tous mes pas
Ne soient vivans qu'en son trépas,
Afin qu'ayant passé ma vie,
Pleurant son lamentable sort,
Ie la puisse au Ciel voir suivie
Des recompenses de sa mort.

Quando corpus morietur Fac vt animæ donetur Paradisi gloria. Amen.

Reine d'Amour, & de Clemence,
C'est en cét effroyable iour,
Quand je quiteray ce sejour,
Que j'implore vôtre assistance:
Donnez moy le vray repentir
D'avoir fait mon Prince martyr,
Que ie meure en cette memoire,
Et finissant en ses amours
Ie puisse posseder la gloire,
Où Dieu vit, & regne toûjours. *Ainsi soit il.*

APPROBATION.

LA Paraphrase du Sieur HEUZEBROC grand Cousteur en la Cathedrale de Bayeux, artistement tissuë sur le *Stabat Mater*, est digne d'Approbation, tant pour les pointes ingenieusement subtiles de l'Art, qui la font exceller, comme pour le zele de la Pieté Chrétienne, qui allume la devotion du Lecteur. Tel est le sentiment des Docteurs de Paris, ce neufiéme Septembre 1662.

Signé, LE BEL.

DIVERSES PIECES DE POETES ENVOYEES AV SIEVR HEVZEBROC GRAND COVTEVR, Sur ſa Paraphraſe du STABAT.

EPIGRAMMES.

QVel feu Diuin t'embraſe l'ame?
Où prens tu ces doctes diſcours?
Ie croy que l'Eſprit Saint eſt l'vnique ſecours,
Qui conduit ta main, & t'enflamme,
Et que ſur le Calvaire avec devotion
Dans le Sang de IESVS tu fis rougir ta plume,
Pour faire vn ſi riche Volume;
C'eſt pourquoi tu décris ſi bien ſa Paſſion.

ILluſtre, & brave Grand Couſteur,
Que t'a fait nôtre Redempteur
Pour luy faire tant d'injuſtice?
IESVS a ſouffert, il eſt mort,
Et tu luy fais encor le tort
Pour la ſeconde fois de le mettre au ſupplice.

DV MESNIL Preſtre, Chapelain de S. Leon, & Prieur de S. Iacques.

EPIGRAMME.

TOus ceux qui vous ont devancé
Dans le recit de cette hiſtoire,
Sans contredit vous ont laiſſé
Le champ de triomphe, & de gloire.

DE CORBET Chanoine de Port à Bayeux.

STANCES.

TV representes sans peinture,
Sans couleur, sans aucun pinceau,
Dedans ton funeste Tableau,
Ce que l'Auteur de la Nature
A souffert, comme tu fais voir
En ta Paraphrase admirable
Faite sur sa mort adorable,
Comme dans vn sacré miroir.

Oüi, Grand Cousteur, ta Paraphrase
T'acquiert des lauriers eternels
Faisant aux esprits des mortels
Voir IESVS-CHRIST sur son Parnasse.
Tu fais que la posterité
N'aura pour toy que des oreilles:
Tes sentimens sont des merveilles,
Qui nous ouvrent l'Eternité.

Cette suite de vers si sainte
N'a pour nous que des doux appas,
Puisque IESVS dans son trépas
Nous adresse encore sa plainte,
Et nous fait voir en vn moment
Qu'il brise nos fers, & nos chaines,
Par le Sang qui sort de ses veines,
Signant nôtre élargissement.

On y voit cette Sainte Mere
Soûpirer aux pieds de ce bois,
Qui des tristes tons de sa voix
Offre encor son Fils à son Pere

Levant au Ciel ses foibles mains :
Sa charité, qui la transporte,
Demande pardon presque morte
Pour tous les bourreaux inhumains.

Les sanglots poussés de son cœur
Font à son Fils pancher la teste
En voyant sa Mere estre preste
De succomber à la douleur :
Ses pleurs ont sur luy cet empire,
Quoi qu'il la puisse soulager,
Qu'il veut en ce point l'affliger
Afin de la rendre Martyre.

Mais de peur qu'elle ne succombe
A la violence des maux,
IESVS au fort de ses travaux,
Luy fit present d'vne Colombe,
C'est Iean Disciple de l'Amour,
Qui dans le banquet admirable
Dormant sur son Sein adorable
En fit son Ciel, & son sejour.

Grand Cousteur ces belles merveilles,
Que ie remarque en tes écrits,
Charment si fort les beaux esprits,
Qu'ils en font l'objet de leurs veilles.
Ie finis disant qu'il vaut mieux,
Voyant le Soleil noircy d'ombres,
Suivre IESVS dans ces lieux sombres,
Pour le posseder dans les Cieux.

HERSON Chapelain & Curé de S. Martin de Bayeux.

EPIGRAMME.

CHarmant appuy des Muses Saintes,
Qui sous des lugubres accens,
As peint de deux Martyrs mourans
Les tristes, & funestes plaintes,
Les neuf Sœurs en suivant tes pas
Vont aussi pleurer le trépas
De IESVS-CHRIST, & de sa Mere,
Et quitant les eaux d'Helicon
Vont demeurer sur le Calvaire,
Et te faire leur Apollon.

IVLIEN Sieur de Belle-fontaine,
de la Ville de Carentan.

SONNET.

ALors qu'on attentoit à la pure Innocence,
Si les plus durs cailloux se brisoient en morceaux,
Ton Stabat, *Grand Cousteur, de ces mesmes carreaux*
Sans doute auroit tiré des pleurs en abondance.

Sus, Miracles, cessés: ton insigne éloquence
Auroit mieux amolly tous les cœurs des bourreaux:
Tes tendres sentimens eussent fait des ruisseaux
Découlans de leurs yeux pour faire penitence.

Aussi nous faisant voir parmy les tremblemens
L'Impassible mourir au milieu des tourmens,
Et les tristes accens, que tu donne à la Mere;

Afin d'accompagner ses larmes, & ses pleurs,
Mourons comme le Fils dessus le Mont-Calvaire,
Pour le faire aussi-tost revivre dans nos cœurs.

G. L'HONORE' Licentié aux Loix.

VERS IRREGVLIERS.

En lisant cette Paraphrase
On se pasme, on tombe en extase
Par les charmes de cét écrit ;
Et certes iamais Calliope
N'a produit aux yeux de l'Europe
Vn pareil ouvrage d'esprit.
*Ah ! Cela fait il est Dimanche ; **
Il a donné d'vn tour de hanche
Aux plus forts Versificateurs,
Qui d'icy jusqu'à l'Anticyre
Le reconnoissent pour leur Sire :
Et l'on voit mesme en ses Approbateurs
Quelque raïon de la Muso-manie
De ce rare, & divin Genie :
Mais sur tous eux il tient vn si haut rang,
Qu'entre les plus grands de la liste
On peut le nommer Trismegiste,
Ou bien trois fois Monsieur le Grand.

* Allusion aux Vers de l'Epistre dudit Sieur.

D. H.

EPIGRAMME.

CEtte Paraphrase est si douce, & si charmante,
Que ie ne pouuois concevoir
Qu'vn homme ûst assés de sçavoir
Pour dépeindre si bien vne Vierge souffrante,
Ny d'vn Dieu Tout-puissant l'épouventable mort;
Mais, si tost que j'ay sçeu que ta plume sçavante
Avoit de ton esprit tracé le juste effort,
Ie confesse que j'avois tort.

N. DV VEY Prestre.

EPIGRAMME.

LE Benedicite *de Monsieur de Godeau*
Luy valut grace, à ce qu'en dit l'Histoire;
Mais vôtre Stabat *est plus beau,*
On vous en doit donner la gloire.

DV BARTAS Sieur d'Oncomques, de Paris.

EPIGRAMME.

QVand on lira vos vers si pieux, & si doux,
Et qui sont en leur genre au dessus des Pharsales,
Tous les Sçavans diront que pour l'amour de Vous,
Apollon s'est fait Moine, & les Muses Vestales.

REMBAVT, de Paris.

EPIGRAMME.

TV décris si bien dans tes Vers
Ce que IESVS souffrit aux yeux de l'Univers,
Quand le Soleil devint aussi noir que le More,
Qu'il faut que ie confesse avecque verité
Sans la Foy que i'eusse douté
Si IESVS étoit mort, ou s'il souffroit encore.

ANDRE' Sieur de Sainte Croix, & du Homme.

EPIGRAMME.

AYant lû vôtre Paraphrase
Ie tombé dedans vne extase
Immobile , & sans action ,
Car bien-tost apres l'avoir leuë ,
Mes pleurs obscurcissans ma veuë ,
Ie crûs estre à la Passion :
Mais à l'accent des tristes plaintes
De la Vierge Sainte des Saintes
Reprenant vn peu mes esprits
Ie vous crûs vn Evangeliste ,
Bien qu'ils ne soient que quatre en liste ,
Voyant de si rares écrits.

DE CORBET Sieur de S. Martin, Valet de Chambre de son Altesse Royale.

STANCES.

COmme vne excellente peinture
*Est la * calamité des yeux ,*
Quant l'Art dérobe à la Nature
L'esperance de faire mieux :

* l'Aimant.

Aussi la Reine du bien dire
Dans ton beau Stabat *s'animant*
Ravit les sens , & les attire
Avec vn insensible Aimant.

Car par les charmes de ta Phrase ,
I'entens ta belle Paraphrase ,
Tu fais qu'au monde on voit revivre
La gloire de l'ancien Nestor ,
Et celle du Gaulois Orphée ,
Qui menoit les cœurs en trophée
Attachés à des chaines d'or.

DE BIHOREAV Advocat au Parlement.

DE PARAPHRASI
DOMINI DOMINI
HEVZEBROCII
MAGNI CVSTODIS
ECCLESIÆ BAIOCENSIS.

EPIGRAMMA.

QVod fecit Christus, faciunt tua carmina flere,
Eliciunt fletus tam pia scripta tua.
Scinduntur lapides, versus pia pectora scindunt,
Scindunt & versus saxea corda tui.
Christo autore canis, Virgo fauet, ibimus omnes
Læti in complexus, ô pia Musa, Crucis.

DE CORBET Vicarius Generalis Illustrissimi Dñi Dñi Episcopi Bajocensis.

EPIGRAMMA.

CHRISTVS vbi vitam posuit, de Monte Poëta
Parnassum mirâ dexteritate facit.
Hic autem, humanis quantùm cælestia præstant,
Tanto est nobilior quàm vetus ille fuit.
Parnassus vatum tangebat vertice cælum,
At sublime super tollit hic astra caput.
Hoc statuit CHRISTVS moriens in monte trophæum,
Promissum & mundo grande peregit opus.
Nempe triumphauit de nostris hostibus, atque
Ad cælum nobis inde parauit iter.
Et tua more alio, generose Poëta, triumphat
Quando triumphantem tam benè Musa canit.

R. D'AVAVLEAV Bajocens. Collegij Gymnasiarcha, Canonicus de Grisciq.

EPIGRAMMA.

EXpirat CHRISTVS, suspirat Mater, obortæ
Erumpunt lacrymæ, fletibus ora madent.
Dum lacrymis lacrymas misces, dum tristia cantas,
Incedit labijs tota Suada tuis.

De Corbet Canonicus de Portu in Ecclesia Bajocensi

EPIGRAMMA.

IN Cruce Christus adest, & stans cruciata MARIA
Sub Cruce non moritur continuò moriens.
Admiranda lege hæc scripta, & mirare legendo
Cur moritur Deus vt non moriatur homo.

Dv Mesnil Prior Sancti Iacobi.

EPIGRAMMA.

PVlchrè adeò lacrymas pingis, cum morte parentem,
Vt nati credam vulnere velle mori:
Exprimis & Matris luctu monimenta doloris
Tanti, vt sis geminæ viua tabella Crucis.

I. Le Mare Rector S. Margaretæ de Duceio.

EPIGRAMMA.

TExebat lauros autori, serta, coronas,
Musa, sed infelix territa voce poli est.
Ecquid inaccessum tentas mortalibus ausis?
Intonat; officio pars ea digna meo est.
Hìc sacer exundat Parnassus, & impete vasto
Cuncta fluunt; mirum est, at favet ipse Deus:
Corde Crucem tenero Vates canit; ecce vicissim
Vatem cum superis pectine, voce canam:
Appingit socios CHRISTI, Matrisque dolores;
Gaudia pictori, deliciásque paro.
Sic ait. Ad cæli voces temeraria sistit
Musa gradum, Cælo Musa tonante silet.

Nic. le Debonnaire Sacerdos, Bajocæus.

EPIGRAMMA.

CRudeles CHRISTI pœnas qui cernere quærit,
Et Matris lacrymas, hæc tua ſcripta legat;
Scripta graues nati nunquam tacitura labores,
Dum læſæ Matris vulnera cuncta canunt.

PIEDAIGNEL Rector Parochiæ Sancti Andreæ Bajoc.

EPIGRAMMA.

NOn hîc Muſa iocos, cæcive Cupidinis ignes,
Concinit; hîc gemitus, vincula, flagra ſonant:
Nec lacrymas, Cytherea, pares tibi mouit Adonis,
Cùm fera tam charo ſanguine tinxit humum:
Sanctior at fletus Matris rigat ora pudicæ,
Virgineóſque ſinus ſauciat alter amor.
Dum ſacer hos fundit mirâ dulcedine planctus,
Non ſua, ſed CHRISTI funera cantat, olor.

D. H.

EPIGRAMMA.

NOn decet horrentem, heu! Chriſti cantare coronam,
Atque tuum lauro ſic redimire caput.

D. H.

EPIGRAMMA.

QVæ tibi Melpomene tam triſtia fata canenti
Perſuaſit, nobis reddere dulce melos,
Nonne Caballino libaſti è fonte liquores
Queis inſtauratus tot pia verba refers.
Eſt pia Melpomene Virgo, Chriſtique profundum
Vulnus amoris fons, vnde Poëta bibis
Ecquis, amo, melius quam in Templo ſacra, MARIÆ,
Qui ſeruat, ſacras reddere poſſet opes.

R. D. D. G. M. S. F. M. D. R.

EPIGRAMMA.

TE pudeat, Parnasse! suos Calvaria Vates
Nunc habet, & lauros Crux veneranda parit.
Sed tamen arcanos cuivis penetrare dolores
Haud licuit; soli cur tibi facta via est?
Scilicet Æditunus sic servat limina Custos,
Vt tamen introrsum repere Mysta queat.

Dñs Le Pere Doctor Parisiensis.

www.ingramcontent.com/pod-product-compliance
Ingram Content Group UK Ltd.
Pitfield, Milton Keynes, MK11 3LW, UK
UKHW020444220726
13923UKWH00005B/2333

9 782019 318307